KB064708

Louise Hay

**나는 지금 내 몸을
사랑하고 있는가?**

나는 지금 내 몸을

Louise Hay

루이스 헤이 지음 | 엄남미 옮김

사랑하고 있는가?

K⁺
MIRACLE
MORNING
KMM PUBLISHER

Louise Hay

나는 지금 내 몸을
사랑하고 있는가?

초판 1쇄 인쇄일 2023년 6월 13일
초판 1쇄 발행일 2023년 6월 20일

지은이   루이스 헤이
옮긴이   엄남미

펴낸이   엄남미
펴낸곳   케이미라클모닝
출판등록   2021년 3월 25일 제2001-000020호
주소   02508 서울 동대문구 전농로 16길 51,
                아름숲 102-604
전화   070-8771-2052
전자우편   kmiraclemorning@naver.com
홈페이지   http://cafe.naver.com/koreamiraclemorning

ISBN 979-11-92806-03-7   03330

* 책값은 뒤표지에 있습니다.

지구상에 존재하는

모든 몸에게

이 책을 사랑으로 바친다!

목 차

건강한
몸을
위한
확언

어린 아기들은 자신 몸 구석구석을 사랑합니다. 그들은 죄의식도, 수치심도, 비교도 하지 않습니다. 당신도 어렸을 때 그랬습니다. 그러나 자라면서 어딘가에서 타인으로부터 "너는 충분하지 않아!"라는 말을 들었습니다. 여러분은 아마도 자신 몸에 결점이 있다고 생각하면서 자신의 완전했던 몸을 비판하기 시작했습니다.

그런 말도 안 되는 소리를 집어치우고 다시 우리 몸을 사랑하고 있는 그대로 받아들였을 때로 돌아갑시다. 이렇게 하면 몸은 당연히 바뀔 것입니다. 만약 우리가 몸에 사랑을 준다면, 몸은 더 좋게 변할 것입니다.

잠재의식은 유머를 구분하지 못합니다. 거짓과 진리를 구분하지 못합니다. 잠재의식은 단지 우리가 말하는 것과 생각하는 것을 그대로 물질세계에 구현합니다. 이 책에 제시된 긍정적인 자기 긍정 확언을 반복하고 또 반복한다면, 여러분은 잠재의식의 비옥한 토양에다 새로운 씨앗을 심게 됩니다. 그리고 그 긍정 확언들은 여러분에게 진실이 될 것입니다.

거울 앞에 서서, 각각의 긍정 확언 처방(새로운 생각 유형)을 10회 반복하여 말합니다. 이것을 하루에 두 번 하세요. 또한 하루 중 언젠가 이 긍정 확언을 10번 정도 종이나 공책에 쓰세요. 책을 다 읽을 때까지 하루에 한 페이지 정도의 긍정 확언 처방을 매일 작업해 보세요. 여기서 작업이란 긍정 확언을 거울 앞에서 10번 말하고, 10번 써보는 것을 뜻합니다. 그런 다음, 만약 여전히 자신 몸을 보면서 싫어

하는 마음이 들거나, 몸에 대해서 문제점을 지적하는 자신을 발견한다면, 적어도 한 달 동안 긍정적인 변화가 일어날 때까지, 특정한 긍정 확언 처방을 매일 사용하세요.

만약 의심, 두려움, 부정적인 생각이 떠오른다면, 그 생각들은 단지 오래전부터 가지고 있던 머물러서 잘 안 떨어지려는 낡고 오래된 제한된 신념이자 믿음이라고 생각하면 됩니다. 그 오래된 생각들은 여러분을 통제할 힘이 없어요. 그 생각들에 이렇게 부드럽게 말하세요.

"나가세요. 이제 더 이상 그런 관념은 필요 없어요."

그런 다음, 여러분의 긍정 확언을 다시 반복하여 말하세요.

확언을 계속하는 것을 멈추게 하는 것은 저항의 일부분입니다. 당신의 몸의 어떤 부분이 사랑받기를 거부하나요? 이 부분에 특히나 더 주의를 기울입니다. 그렇게 함으로써 여러분은 한계를 뛰어넘게 될 것입니다. 저항을 놓아주세요.

이런 식으로 짧은 시간 안에, 여러분은 자신이 진정으로 사랑하는 몸을 갖게 될 것입니다. 그리고 여러분의 몸은 훌륭한 건강으로 보답함으로써 반응할 것입니다. 여러분의 몸의 각 부분이 조화로운 전체로 완벽하게 작동하게 될 것입니다. 몸의 어떤 선이 사라지고, 체중이 늘지 않고, 자세를 바로 하는 변화를 발견하게 될 것입니다.

우리가 내면에 끊임없이 긍정하는 확언들은 진실이 됩니다.

나는 지금 내 몸을
사랑하고 있는가?

Louise

Part 1.

몸의 상단부

Hav

01

나는
내 마음을
사랑합니다

내 마음은 내 몸의 아름다운 기적을 알아볼 수 있게 해줍니다. 나는 살아서 숨을 쉴 수도 있음에 기뻐합니다. 나는 스스로 치유할 수 있는 능력(힘)이 있다고 마음속으로 단언합니다. 내 마음은 내 미래의 순간들을 만드는 생각들을 시시각각 선택하고 있습니다. 내 힘은 그 마음의 사용에서 나옵니다. 나는 나를 기분 좋게 하는 생각을 선택합니다. 나는 나의 아름다운 마음을 사랑하고 감사하게 생각합니다.

02

나는
내 두피를
사랑합니다

두피가 편안하고 평화롭습니다. 내 두피는 느슨하고 쉽게 관리가 됩니다. 두피는 머리카락에 영양을 주는 영양분이 가득한 침대 같은 것입니다. 내 머리는 자유롭고 고급스럽게 자랄 수 있습니다. 나는 사랑으로 두피를 마사지할 생각을 선택합니다. 나는 내 아름다운 두피를 사랑하고 고마워합니다.

03

나는
내 머리를
사랑합니다

나는 필요한 것들이 다 돌봐지는 삶의 과정을 믿습니다. 그리고 강하고 평화롭게 성장합니다. 나는 두피의 긴장을 풀고 아름다운 머리칼을 풍성하게 기를 수 있는 여유를 줍니다. 나는 사랑스럽게 머리를 손질하고 머릿결이 탄력 있고 강하게 자랄 수 있도록 지탱해주는 생각을 선택합니다. 나는 내 아름다운 머리를 사랑하고 고마워합니다.

04

나는
내 눈을
사랑합니다

나의 시야는 아주 좋습니다. 나는 모든 상황을 똑똑히 봅니다. 나는 나의 과거, 현재, 미래를 사랑의 눈으로 봅니다. 내 마음은 내가 삶을 바라보는 방식을 선택합니다. 나는 새로운 눈으로 봅니다. 누구에게나 좋은 점이 있습니다. 나는 사람들을 볼 때마다 그들의 좋은 점들을 바라봅니다. 나는 사랑스럽게 내가 바라보기 좋아하는 삶을 창조합니다. 나는 내 아름다운 눈을 사랑하고 고마워합니다.

05

나는
내 귀를
사랑합니다

나는 균형 잡혀 있고 침착하며 모든 생명과 하나가 됩니다. 나는 내 주변과 조화를 이룰 생각을 선택합니다. 나는 좋은 것들과 즐거운 것에 사랑으로 귀를 기울입니다. 나는 모든 사람의 말하는 소리 속에 숨겨져 있는 사랑에 대한 외침을 듣습니다. 나는 기꺼이 다른 사람들을 이해하려 합니다. 나는 사람들에 대한 연민을 가지고 있습니다. 나는 삶의 소리를 들을 수 있는 능력에 기뻐합니다. 나는 수용력이 있습니다. 기꺼이 듣겠습니다. 나는 내 아름다운 귀를 사랑하고 고마워합니다.

06

나는
내 코를
사랑합니다

나는 내 주위의 모든 사람과 평화롭게 지냅니다. 어떤 사람도, 장소도, 사물도 나를 통제할 수 없습니다. 나는 내 세상에서 힘이 있고, 권위가 있는 사람입니다. 나는 내 자신의 진가를 인식하는 생각을 선택합니다. 나는 내 직관적인 능력을 의식합니다. 나는 내 직관을 믿습니다. 왜냐하면 나는 항상 무한지성의 지혜와 진리에 접속되기 때문입니다. 나는 항상 나를 위해서 올바른 방향으로 계속 앞으로 나아갑니다. 나는 내 아름다운 코를 사랑하고 고마워합니다

07

나는
내 입을
사랑합니다

나는 새로운 사상을 받아들이면서 스스로 영양분을 보충합니다. 나는 소화와 동화에 대한 새로운 개념을 준비합니다. 나는 진리의 원칙에 따라 결정을 쉽고 편안하게 내립니다. 나는 삶에 대한 안목이 있습니다. 나는 내가 타인에게 사랑으로 말할 수 있게 하는 생각을 선택합니다. 나는 진실한 가치 안에서 안전하기에 나 자신을 위해 자명하게 말합니다. 나는 내 아름다운 입을 사랑하고 고마워합니다.

08

나는
내 치아를
사랑합니다

내 치아는 강하고 튼튼합니다. 나는 기쁨으로 인생을 물고 늘어집니다. 나는 나의 모든 경험을 신중하고 완전하게 씹습니다. 나는 결단력 있는 사람입니다. 나는 쉽게 결정을 내리고, 그 결정을 고수합니다. 나는 확고한 내면의 기초 만드는 생각을 선택합니다. 나는 언제나 주어진 상황에서 나에게 가장 좋은 것을 선택할 것을 알고 있으므로 내면의 지혜를 믿습니다. 나는 내 아름다운 이빨을 사랑하고 고마워합니다.

09

나는
내 잇몸을
사랑합니다

내 잇몸은 건강을 상징합니다. 나의 잇몸은 사랑으로 치아를 지지하고 보호합니다. 나는 내 결정을 고수하기가 쉽습니다. 나는 영적인 신념으로 내 결정을 지지합니다. 나는 지혜와 진리에 강하게 중점을 두고 있습니다. 나는 내 인생에서 올바른 행동만을 만들어내는 생각들을 선택합니다. 나는 내 아름다운 잇몸을 사랑하고 고마워합니다.

10

나는
내 목소리를
사랑합니다

나는 내 의견을 큰 소리로 이야기합니다. 나는 나를 잘 대변합니다. 나는 나에 대해 사랑과 기쁨을 찬양합니다. 내 말은 삶의 음악입니다. 나는 아름다움과 감사를 표현하는 생각을 고릅니다. 나는 내가 삶의 모든 것과 하나임을 선포합니다. 나는 내 아름다운 목소리를 사랑하고 감사합니다.

11

나는
내 목을
사랑합니다

나는 기꺼이 다른 관점, 즉 일을 하는 다른 방법들을 인정하려고 합니다. 나는 자유롭게 그 모든 것을 인정합니다. 나는 기꺼이 변화할 것입니다. 나는 아이디어와 창의적인 표현에서 나 자신을 유연하게 만들 생각을 선택합니다. 나는 나 자신을 자유롭고 즐겁게 표현합니다. 나는 안전합니다. 나는 아름다운 목을 사랑하고 고마워합니다.

12

나는
내 목구멍을
사랑합니다

내 목구멍은 나의 표현과 창조성의 길입니다. 목구멍을 개방하고 자유롭게 합니다. 나는 매일 기뻐서 노래합니다. 나는 나의 창의성을 표현할 수 있는 생각을 선택합니다. 나는 사랑으로 나의 가치와 자긍심을 세상에 선언합니다. 나는 내 아름다운 목구멍을 사랑하고 고마워합니다.

나는 지금 내 몸을
사랑하고 있는가?

Louise

Part 2

몸의 중단부

13

나는
내 어깨를
사랑합니다

나는 쉽고 편안하게 책임을 짊어집니다. 내 짐은 바람에 날리는 가벼운 깃털과 같습니다. 나는 당당하고 자유롭게 내 경험을 즐겁게 짊어지고 나릅니다. 내 어깨는 아름답고 곧고 튼튼합니다. 나는 내 길을 쉽고 자유롭게 만들어줄 생각을 선택합니다. 사랑은 어떠한 짐도 풀고 편안하게 해줍니다. 나는 내 삶을 사랑합니다. 나는 내 아름다운 어깨를 사랑하고 고마워합니다.

14

나는
내 젖가슴을
사랑합니다

내 가슴은 내 몸에 딱 맞는 완벽한 크기와 모양입니다. 내 가슴은 건강하고 항상 건강할 것입니다. 나는 항상 다른 사람들을 돌보기 전에 나 자신을 먼저 돌보면서 내 몸에 필요한 영양소와 정신의 영양분을 공급합니다. 나는 모든 면에서 나를 잘 자라도록 양육하고 보살펴주는 생각을 선택합니다. 나는 내 아름다운 가슴을 사랑하고 고마워합니다.

15

나는
내 팔을
사랑합니다

나는 나 자신과 내가 사랑하는 사람들을 보호합니다. 나는 인생을 기쁨으로 맞이합니다. 나는 인생의 경험을 포용하는 대단한 능력을 갖추고 있습니다. 인생을 즐길 수 있는 내 능력은 엄청납니다. 나는 변화를 쉽게 받아들이고 어떤 방향으로도 움직일 수 있는 생각을 선택합니다. 나는 항상 강하고 능력 있고 언제나 무엇이든지 할 수 있습니다. 나는 내 아름다운 팔을 사랑하고 고마워합니다.

16

나는
내 손목을
사랑합니다

내 손목은 유연하고 자유롭습니다. 나는 기쁨을 내 삶 속으로 쉽게 받아들입니다. 나는 내가 모든 좋은 것을 받을 자격이 있습니다. 나는 이미 내가 가진 모든 것을 즐길 수 있는 생각들을 선택합니다. 나는 내 아름다운 손목을 아끼고 사랑합니다.

17

나는
내 손을
사랑합니다

내 손은 어떤 방식으로든 인생에서 원하는 것을 자유롭게 잡을 수 있습니다. 내 손은 삶이라는 잔치를 잡을 능력이 있고, 손에서 사람들과 함께 할 수 있는 방법이 끊임없이 나옵니다. 나는 내 경험을 즐겁고 편안하게 다룰 생각을 선택합니다. 경험의 각 세부 사항은 신성하고도 올바른 순서에 따라서 잘 다루어집니다. 그러므로 나는 안전합니다. 나는 나 자신입니다. 나는 평화롭습니다. 나는 나의 아름다운 손을 사랑하고 고마워합니다.

18

나는
내 손가락을
사랑합니다

내 손가락은 나에게 아주 큰 즐거움을 줍니다. 나는 손가락으로 만지고, 느끼고, 조사하고, 수선하고, 수리하고, 창조하고 사랑으로 유명하게 될 창조물을 창작하는 능력을 사랑합니다. 나는 생명이 고동치는 맥박을 손가락으로 느껴봅니다. 나는 모든 사람과 공간, 사물과 일치합니다. 나는 사랑으로 나를 감동하게 할 생각들을 선택합니다. 나는 내 아름다운 손가락을 사랑하고 고마워합니다.

19

나는
내 손톱을
사랑합니다

내 손톱은 보기에 즐겁습니다. 나는 보호받고 안전합니다. 긴장을 풀고 내 앞에 펼쳐질 삶을 믿으면 손톱이 튼튼하고 단단하게 자라납니다. 나는 내 인생의 모든 멋진 세세한 부분들을 사랑하고 소중히 여깁니다. 나는 세부사항들을 쉽고 애씀 없이 다룰 수 있는 생각을 선택합니다. 나는 내 손톱을 사랑하고 고마워합니다.

20

나는
내 척추를
사랑합니다

내 척추는 조화와 사랑의 장소입니다. 각 척추의 뼈는 주변과 사랑스럽게 연결되어 있습니다. 척추 사이에는 완벽하고 부드러운 상호작용이 있습니다. 이것이 나를 강하면서도 유연하게 만듭니다. 나는 하늘에 닿을 수도 있고, 땅에 닿을 수도 있습니다. 나는 나를 안전하고 자유롭게 해주는 생각들을 선택합니다. 나는 내 아름다운 척추를 사랑하고 감사합니다.

21

나는
내 등을
사랑합니다

나는 생활 그 자체로도 잘 지지가 됩니다. 나는 정서적으로 지지를 받고 있습니다. 나는 모든 두려움을 놓아줍니다. 사랑받는 기분입니다. 나는 과거와 과거의 모든 경험을 흘려보냅니다. 나는 내 뒤에 있는 모든 것을 놓아줍니다. 내 모든 필요를 채워주는 생각을 선택합니다. 인생은 예상한 방법과 예상치 못한 방법으로 나를 번성케 합니다. 나는 삶의 사랑으로 지탱되어 똑바로 서 있습니다. 나는 내 아름다운 등을 사랑하고 고마워합니다.

22

나는
나의 유연성을
사랑합니다

신은 나에게 유연해지고 버드나무처럼 생명으로 흐를 수 있는 능력을 주셨습니다. 나는 구부리고 기지개를 켜서 항상 내 중심으로 돌아올 수 있습니다. 나는 유연하고 잘 휘어질 수 있는 이 능력을 강화하는 생각들을 선택합니다. 나는 나의 아름다운 유연성을 감사하고 사랑합니다.

23

나는
내 가슴을
사랑합니다

나의 영양 섭취와 배출은 완벽한 균형 상태에 있습니다. 인생은 내가 필요한 모든 것을 제공합니다. 나는 나 자신이 되는 것에 자유롭고, 다른 사람들이 있는 그대로 되기를 허락합니다. 삶은 우리 모두를 보호합니다. 우리가 모두 성장해도 안전합니다. 나는 오직 사랑으로만 영양을 공급합니다. 나는 우리 모두에게 자유를 창조하는 생각을 선택합니다. 나는 내 아름다운 가슴을 사랑하고 고마워합니다.

24

나는
내 폐를
사랑합니다

나는 공간을 차지할 권리가 있습니다. 나는 존재할 권리가 있습니다. 나는 인생을 완전히 자유롭게 받아들이고 즐겁게 연소합니다. 내 환경에서 무언가를 가져가도 안전합니다. 숨을 쉬게 하는 전능한 힘이 위대한 풍요로 언제나 채워줄 것을 알기 때문입니다. 내가 살기로 결심한 이상 숨을 충분히 쉴 수 있습니다. 내가 살기를 원하는 한 생명과 지속력은 충분합니다. 나는 나에게 안전을 만들어줄 생각들을 선택합니다. 나는 내 아름다운 폐에 감사하고 사랑합니다.

25

나는
내 숨결을
사랑합니다

내 숨결은 나에게 너무나도 소중합니다. 그것이 보물이자 생명을 주는 물질입니다. 나는 내가 삶을 사는 게 안전하다는 것을 압니다. 나는 삶을 사랑합니다. 나는 생명을 깊고 완전하게 들이마십니다. 나는 숨을 들이쉬고 내쉬고, 완전한 조화 속에서 호흡합니다. 나는 사랑스럽고 달콤한 숨을 쉴 생각을 고릅니다. 나는 인생의 숨결과 함께 잘 흘러갑니다. 나는 내 아름다운 호흡을 사랑하고 고마워합니다.

26

나는
내 분비샘을
사랑합니다

내 분비샘은 나의 자기표현의 출발점입니다. 나의 자기표현은 나 자신의 삶에 대한 독특한 접근입니다. 나는 독특한 사람입니다. 나는 나의 개성을 존중합니다. 나는 인생에서 펼쳐지는 모든 선한 존재의 깊이에 의해서 비롯되었습니다. 나의 본성은 내가 생각하기로 선택한 생각에서 시작합니다. 나의 정신적 면역력과 힘은 강하고 균형 잡혀 있습니다. 나는 열심히 일합니다. 나는 "일어나서 전진하는 사람"입니다. 나는 나의 아름다운 분비샘을 사랑하고 감사합니다.

27

나는
내 심장을
사랑합니다

내 심장은 내 몸 전체에 사랑을 담아 세포에 기쁨이라는 영양을 공급합니다. 즐거운 새로운 생각들이 지금 내 안에서 자유롭게 나돌고 있습니다. 나는 나 자신을 잘 표현하고 삶에 좋은 것들을 받아들이는 삶의 기쁨입니다. 나는 지금 끊임없이 즐거운 생각을 하고 있습니다. 나의 삶의 모든 과정에 살아있는 것은 안전합니다. 나는 모든 방향으로 사랑을 발산하고 있고, 내 삶 전체가 기쁨입니다. 나는 마음 깊이 사랑합니다. 나는 내 아름다운 심장을 사랑하고 감사합니다.

나는 지금 내 몸을
사랑하고 있는가?

Louise

Part 3

몸의 하단부

28

나는
내 배를
사랑합니다

인생의 경험을 소화하는 것은 기쁨입니다. 삶은 나와 잘 맞습니다. 나는 매일의 새로운 생활 방식을 쉽게 이해합니다. 내 세상에서는 만사가 형통입니다. 나는 내 존재를 찬양하는 생각을 선택합니다. 나는 내가 필요로 하는 것을 먹여 살릴 삶의 과정을 신뢰합니다. 나는 나의 가치를 알고 있습니다. 나는 지금 있는 그대로의 나로도 충분합니다. 나는 신성하고 멋진 삶의 표현입니다. 나는 이 생각을 이해해서 나에게 실현합니다. 나는 내 아름다운 배를 사랑하고 고마워합니다.

29

나는
내 간을
사랑합니다

나는 더 이상 필요 없는 것을 놓아버립니다. 나는 모든 짜증과 비난과 비판을 기쁘게 놓아줍니다. 내 의식은 이제 깨끗해지고 치유되었습니다. 내 인생의 모든 것은 신성한 올바른 질서 안에 있습니다. 일어나는 모든 일은 나의 최고의 선과 가장 큰 기쁨을 위한 것입니다. 나는 내 삶의 모든 곳에서 사랑을 찾습니다. 나는 나를 치유하고, 정화하고, 더 높은 의식의 단계로 나아갈 생각을 선택합니다. 나는 나의 아름다운 간을 사랑하고 고마워합니다.

30

나는
내 신장을
사랑합니다

내가 성장해 가면서 창조한 내 삶을 받아들이는 것은 안전합니다. 나는 낡은 것은 흘려보내고 새로운 것을 환영합니다. 내 신장은 마음에 오래도록 쌓인 독소를 효율적으로 제거합니다. 나는 이제 내 세상을 창조할 생각을 선택합니다. 그러므로 나는 내 세상의 모든 것을 완벽한 것으로 받아들입니다. 내 핵심 감정은 사랑으로 마음속 깊이 안정되어 있습니다. 나는 내 아름다운 신장을 사랑하고 고마워합니다.

31

나는
내 비장을
사랑합니다

내가 유일하게 고집하는 것은 삶의 기쁨입니다. 나의 진정한 정체성은 평화와 사랑과 기쁨입니다. 나는 내 삶의 모든 영역에서 나에게 기쁨을 만들어줄 생각들을 선택합니다. 내 비장은 건강하고, 행복하면서 정상입니다. 나는 안전합니다. 나는 인생에서 달콤한 기쁨을 맛보기로 결심했습니다. 내 아름다운 비장을 사랑하고 감사합니다.

32

나는
내 면역체계를
사랑합니다

　　　　　나의 면역체계는 강하고 튼튼하고 건강합니
다. 내 면역력은 내 몸을 보호해 주고 완벽한 건강을 유지
해줍니다. 나의 면역체계가 나의 모든 생각에 반응한다는
것을 알고, 나는 건강한 생각을 선택합니다. 나는 오직 내
면역체계를 강화하고 지지해주는 사랑스럽고 긍정적인 사
고만을 생각하기로 선택합니다. 나는 나의 아름다운 면역
체계를 사랑하고 감사합니다.

33

나는
내 허리선을
사랑합니다

나는 허리둘레가 아름답습니다. 허리선은 정상이고, 자연스러우며 매우 유연합니다. 나는 모든 방향으로 허리가 구부러지고 비틀어질 수 있습니다. 나는 나를 기쁘게 하는 형태로 운동을 즐길 수 있게 해주는 생각을 선택합니다. 내 허리둘레는 나에게 딱 맞는 치수입니다. 나는 내 아름다운 허리선을 사랑하고 허리선에 감사합니다.

34

나는
내 고관절을
사랑합니다

나는 인생을 완전히 균형 있게 살아갑니다.
항상 새로운 방향으로 나아가고 있습니다. 내 모든 나이대
에는 흥미로운 관심거리와 목표가 있습니다. 나는 내 고관
절을 단단하고 강하게 유지하는 생각을 선택합니다. 나는
내 인생의 가장 중요한 자리에서 힘이 있습니다. 나는 내
아름다운 고관절을 사랑하고 또 감사합니다.

35

나는
내 엉덩이를
사랑합니다

내 엉덩이는 날이 갈수록 아름다워지고 있습니다. 그들은 내 힘의 중심입니다. 나는 내가 힘이 있는 사람이라는 것을 알고 있습니다. 나는 내 힘을 인정하고 받아들입니다. 나는 내 힘을 사랑스럽고 현명하게 사용할 수 있는 생각들을 선택합니다. 힘이 있다는 것은 기분 좋은 일입니다. 나는 내 아름다운 엉덩이를 사랑하고 고마워합니다.

36

나는
내 결장을
사랑합니다

나는 자유롭고 관대하고 즐겁게 나를 통해 흘러들어오는 열린 통로입니다. 어수선하거나 막히게 하는 모든 생각과 일들을 흘려버립니다. 모든 것이 내 삶에서는 정상이고, 조화롭고, 완벽합니다. 나는 지금, 이 순간이라는 현재에 살고 있습니다. 나는 삶의 흐름에 열려있고 나를 수용하도록 만드는 생각을 선택합니다. 나는 완벽한 섭취, 소화, 배출 기능이 있습니다. 나는 나의 아름다운 결장을 사랑하고 고마워합니다.

37

나는
내 방광을
사랑합니다

나는 내 생각과 감정에 평온합니다. 나는 내 주변 사람들과 평화롭습니다. 사람, 장소, 사물이 나를 지배하지 못합니다. 왜냐하면 나는 내 마음속 유일한 사상가이기 때문입니다. 나는 나를 평온하게 해주는 생각을 선택합니다. 나는 기꺼이 그리고 사랑스럽게 오래된 관념과 편견을 흘려보냅니다. 그것들은 나에게서 쉽고 즐겁게 흘러나옵니다. 나는 내 아름다운 방광을 사랑하고 고마워합니다.

38

나는
내 생식기를
사랑합니다

　　　　나는 내 성(여성성/남성성)에 대해 기뻐합니다. 그것은 평범하고 자연스러우며 나에게 완벽합니다. 나의 생식기는 아름답고 평범하고 자연스러우며 나에게 완벽합니다. 나는 지금, 이 순간에도 아주 훌륭하고 있는 그대로 아름답습니다. 내 몸이 나에게 주는 기쁨에 감사합니다. 내 몸을 즐기는 것이 안전합니다. 나는 내 아름다운 생식기를 사랑하고 감사할 수 있게 해주는 생각들을 선택합니다.

39

나는
내 장을
사랑합니다

나는 모든 세포와 장기에서 내 몸의 아름다움을 봅니다. 내 장은 내 몸의 다른 부분들처럼 정상이고 자연스럽고 아름답습니다. 나는 내 몸의 각 기능을 전적으로 받아들이고 그것의 능률과 완벽함에 기뻐합니다. 내 심장, 장, 눈과 발가락 모두 똑같이 중요하고 아름답습니다. 나는 내 몸의 모든 부분을 사랑으로 받아들일 수 있는 생각을 선택합니다. 나는 나의 아름다운 장을 사랑하고 고마워합니다.

나는 지금 내 몸을
사랑하고 있는가?

Louise

Part 4.

몸의 최하단부

Hav

40

나는
내 다리를
사랑합니다

나는 이제 오래된 어린 시절의 모든 상처와 고통을 풀어주기로 했습니다. 나는 과거에서 사는 것을 거부합니다. 나는 오늘이라는 현재에 살고 있는 사람입니다. 과거를 용서하고 풀어주니 허벅지가 단단해지고 아름답습니다. 나는 어느 방향으로든 움직일 수 있는 기동성을 가지고 있습니다. 나는 과거에 얽매이지 않고 앞으로 나아갑니다. 종아리 근육이 이완되고 튼튼합니다. 나는 기쁨으로 앞으로 나아갈 수 있는 생각들을 선택합니다. 나는 내 아름다운 다리를 사랑하고 감사합니다.

41

나는
내 무릎을
사랑합니다

내 무릎은 유연하고 유동적입니다. 나는 내어주고 용서합니다. 나는 쉽게 구부리고 흐릅니다. 나는 이해와 연민이 있고, 과거와 그 안에 존재했던 모든 사람을 쉽게 용서합니다. 나는 매 순간 다른 사람들을 인정하고 칭찬합니다. 나는 어디에서나 자유롭게 흐르는 사랑과 기쁨에 열려있고 수용적인 생각을 선택합니다. 나는 나 자신의 제단에 무릎을 꿇습니다. 나는 내 아름다운 무릎을 사랑하고 고마워합니다.

42

나는
내 발목을
사랑합니다

내 발목은 앞으로 잘 움직이도록 유연성과 방향성을 줍니다. 나는 모든 두려움과 죄책감을 놓아줍니다. 나는 쉽게 즐거움을 수용합니다. 나는 가장 좋은 방향으로 나아갑니다. 나는 내 삶에 기쁨과 즐거움을 가져오는 생각을 선택합니다. 나는 유연하고 유동적입니다. 나는 내 아름다운 발목을 사랑하고 고마워합니다.

43

나는
내 발을
사랑합니다

나는 정말 이해심이 많습니다. 나는 진리를
굳게 믿습니다. 나 자신과 다른 사람들, 그리고 삶에 대한
나의 이해는 끊임없이 커지고 있습니다. 나는 어머니 지구
로부터 자양분을 얻었고, 보편적인 지성은 내가 알아야 할
모든 것을 가져다줍니다. 나는 이 행성을 안전하고 안정적
으로 걸으며, 나의 더 큰 이익을 향해 나아갑니다. 나는 시
공간을 거침없이 움직입니다. 나는 멋진 미래를 창조하는
생각들을 선택하고 그 안으로 들어갑니다. 나는 내 아름다
운 발을 사랑하고 소중히 여깁니다.

44

나는
내 발가락을
사랑합니다

내 발가락은 내 앞의 길을 터주기 위해 미리 걸어가 보는 미래에 대한 조사관입니다. 내 발가락은 곧고, 유연하고, 강합니다. 그들은 삶에 있어서 완벽한 길을 찾고, 느끼고, 손을 뻗습니다. 나는 나의 길을 보호할 생각을 선택합니다. 내가 앞으로 나아가면서, 모든 세부 사항은 스스로 알아서 처리됩니다. 나는 내 아름다운 발가락을 사랑하고 고마워합니다.

나는 지금 내 몸을
사랑하고 있는가?

Louise

Part 5.

몸의 기둥

Hay

45

나는
내 뼈를
사랑합니다

나는 강하고 건전합니다. 나는 체계적이고 균형 잡혀 있습니다. 내 뼈는 나를 지탱해주고 사랑합니다. 모든 뼈는 나에게 중요합니다. 나는 내 삶을 강화할 생각을 선택합니다. 나는 우주의 물질들로 구성되어 있습니다. 나는 삶의 구조물들과 하나인 사람입니다. 나는 내 아름다운 뼈를 사랑하고 고마워합니다.

46

나는
내 근육을
사랑합니다

나의 근육은 나의 세상에서 움직일 수 있는 능력을 줍니다. 그들은 강하고 항상 강할 것입니다. 내 강한 근육들은 유연하고 쉽게 늘어납니다. 나는 새로운 경험을 환영할 수 있는 생각들을 선택합니다. 내 인생은 즐거운 발레와 같습니다. 나는 나의 아름다운 근육을 사랑하고 고마워합니다.

47

나는
내 피를
사랑합니다

내 핏줄 속의 피는 순수한 기쁨입니다. 삶의 이 기쁨은 내 몸 전체에 자유롭게 흐릅니다. 나는 즐겁고 행복하게 살고 있습니다. 나는 삶에 대한 열정을 불러일으킬 생각을 선택합니다. 내 삶은 풍요롭고 충만하며 즐겁습니다. 나는 나의 아름다운 피를 사랑하고 감사합니다.

48

나는
신경 세포들을
사랑합니다

나는 놀라운 신경 체계를 가지고 있습니다. 내 신경은 내가 모든 생명과 소통할 수 있게 해줍니다. 나는 매일 깊은 수준에서 느끼고 이해할 수 있습니다. 나는 안심하고 있습니다. 내 신경이 편안하게 쉴 수 있게 허락되었습니다. 나는 나에게 평화를 가져다줄 생각을 선택합니다. 나는 나의 아름다운 신경을 사랑하고 고마워합니다.

49

나는
내 피부를
사랑합니다

내 개성은 안전합니다. 과거는 용서되고 잊혀 갑니다. 나는 지금, 이 순간 자유롭고 안전합니다. 나는 나 자신을 위해 기쁨과 평화를 창조하는 생각들을 선택합니다. 내 피부는 젊고 몸 구석구석이 매끈합니다. 나는 내 피부를 어루만지는 것을 좋아합니다. 내 세포에는 영원한 젊음이 있습니다. 내 피부는 내가 살고 있는 지금 이곳인 성소를 지탱하는 맨틀(mantle)입니다. 나는 내 아름다운 피부를 사랑하고 고마워합니다.

나는 지금 내 몸을
사랑하고 있는가?

Louise

Part 6

몸의 주관적 요소

50

나는
내 키를
사랑합니다

나는 나에게 딱 맞는 키입니다. 나는 너무 크지도 작지도 않습니다. 위를 보고 아래를 내려다볼 수 있습니다. 나는 별을 향해 손을 뻗을 수도 있고, 지구를 만질 수도 있습니다. 나는 내가 항상 안심하고, 안정되고 사랑받을 수 있게 해주는 생각들을 선택합니다. 나는 내 아름다운 키를 사랑하고 고마워합니다.

51

나는
내 몸무게를
사랑합니다

나는 이 순간 나 자신을 위한 완벽한 몸무게로 존재합니다. 그것은 바로 내가 스스로 받아들인 무게입니다. 만약 내가 진심으로 바란다면 내 몸무게를 바꿀 수 있습니다. 나는 내 몸과 크기에 대해 나를 편안하게 하고 만족하게 하는 생각을 선택합니다. 나는 내 아름다운 몸무게를 사랑하고 고마워합니다.

52

나는
내 외모를
사랑합니다

나는 내 외모가 좋습니다. 이번 생애에 딱 맞는 것 같습니다. 나는 태어나기 전에 내 외모를 선택했고, 나는 내 선택에 만족합니다. 나는 독특하고 특별합니다. 아무도 나와 똑같이 생긴 사람은 없습니다. 나는 아름답고, 매일매일 더 매력적으로 변합니다. 나는 아름다운 외모를 발산하는 생각을 선택합니다. 나는 내 모습이 좋습니다. 나는 내 아름다운 외모를 사랑하고 고마워합니다.

53

나는
내 나이를
사랑합니다

나는 지금 완벽한 나이대에 있습니다. 한 해는 나에게 특별하고 소중합니다. 왜냐하면 나는 한 번만 살 것이기 때문입니다. 유아기에서 노년에 이르기까지 매년 그 자체의 경이로운 일들로 가득 차 있습니다. 어린 시절이 매우 특별했듯이, 노인이 되는 것도 특별합니다. 모든 것을 경험해 보고 싶습니다. 나는 나이를 먹는 것에 대해 나를 편안하게 해주는 생각을 선택합니다. 나는 내 앞에 펼쳐지는 새해가 기다려집니다. 나는 내 아름다운 나이를 사랑하고 고마워합니다.

54

나는
내 몸을
사랑합니다

내 몸은 살기 좋은 곳입니다. 나는 내가 이 특정한 몸을 선택한 것에 대해 기쁩니다. 왜냐하면 그것은 이 생애에 나에게 완벽하기 때문입니다. 내 몸은 완벽한 크기, 모양, 그리고 색깔입니다. 정말 내 몸은 나를 잘 보살핍니다. 내 몸이라는 기적에 경탄합니다. 나는 나의 건강한 몸을 만들고 유지해주고 나를 기분 좋게 해주는 치유적인 생각을 선택합니다. 나는 내 아름다운 몸을 사랑하고 고마워합니다.